HABLAR Y ENTENDER
Inglés

Guía para pronunciar

**tercera
edición**

HABLAR Y ENTENDER
Inglés

Guía para pronunciar

**tercera
edición**

Título de la obra: *Hablar y entender inglés.*

© 2007 **TERCERA EDICIÓN, S.A. DE C.V.**
© 2007 **GABY GÓMEZ**

1a. edición: Marzo 2007

ISBN: 968-5768-56-0

Cuidado de la edición: TYPE

Impreso y hecho en México. Printed and made in Mexico.

www.terceraedicion.com
ventas@terceraedicion.com

El inglés resulta una herramienta imprescindible en nuestros días, al ser el idioma más conocido a nivel mundial. Aprenderlo te abrirá muchas puertas; pero es sólo cuestión de decidirse a hablarlo.

Los beneficios de conversar inglés no sólo serán por motivos personales. Te ayudará también en empresas donde desees laborar y en lugares de la vida diaria, como tiendas, escuela y muchos lugares públicos.

Esta lengua es necesaria para cualquier viajero en búsqueda de nuevas oportunidades; además, será útil al momento de conocer gente extranjera.

La dificultad está en hacer de este idioma algo cotidiano en tu vida. Al igual de cargar este libro a la mano, para tu práctica diaria. No es difícil, y ten en mente que Inglés Primario estará contigo en el proceso.

Sé parte de los emprendedores y esfuérzate. Nosotros te deseamos lo mejor en tu camino al aprendizaje.

Inglés Primario es un libro ameno y atractivo en el cual podrás acercarte al idioma inglés. A medida que empieces a leer, te darás cuenta que este idioma es fundamental para cualquier persona.

En el texto encontrarás gran cantidad de recursos: listas de vocabulario en inglés y su significado en español, diccionario, curiosidades del idioma, juegos de palabras y, lo más importante, su pronunciación al español.

Al lado de una oración en inglés estará la misma frase para leerse en español. Al hacerlo, automáticamente pronunciarás en inglés.

Por ejemplo:
¿Qué tal, cómo está?   (En español)
Hello, how are you?   (En inglés)
Jelóu, jáu ar yu?   (Para leerse en español)

No hay manera de equivocarse. Las frases se leerán es español y fonéticamente se escucharán en inglés. Y conforme a la práctica, nadie notará la diferencia.

Recuerde que nunca es tarde para aprender inglés. Éste es el momento ideal para enseñarse.

Referencia Gramatical

Desde el punto de vista gramatical, el idioma inglés es mucho más simple que el español.

No es nuestra intención adentrarnos en reglas gramaticales que complicarían el propósito de esta guía. Es solo un comienzo. Indicaremos algunas notas que pueden facilitarte el aprendizaje.

Los verbos en infinitivo, es decir, la forma verbal más simple, como trabajar, correr, etc. En inglés están precedidas de la preposición to.

Por ejemplo:

Español	Inglés	Se pronuncia
trabajar	to work	tu uórk
correr	to run	tu ron
amar	to love	tu lóv

Ejemplo:

Trabajar, en inglés sería: to work y su pronunciación: tu uórk.

El tiempo futuro en inglés se expresa a través de los auxiliares will (uíl) o shall (chal). Will se usa con más frecuencia.

El pasado de los verbos regulares, se forma agregándole al verbo, en la mayoría de los casos, las letras -ed.

Existen verbos llamados irregulares, que no tienen una regla fija y sería demasiado complicado relacionarlos en esta fase. Sin embargo, la mayoría de los verbos son regulares.

Para indicar una posibilidad (similar al tiempo potencial del español), se utilizan los auxiliares would (úud) o should (chúud).

La terminación -ing en inglés en lo verbos indica continuidad (similar al gerundio en español, es decir las terminaciones -ando, -iendo).

Español	**Inglés**	**Se pronuncia**
Yo trabajo	I work	Ai uórk
Yo trabajaré	I will work	Ai uíl uórk
Yo trabajé	I worked	Ai uórkd
Yo trabajaría	I would work	Ai úud uórk
Trabajando	working	uórkin

La pronunciación del tiempo pasado -ed es la de una d solamente. Sin embargo, si el verbo termina en t o d, se pronuncia ed.

Español	Inglés	Se pronuncia
Trabajé	worked	uórkd
Limitado	limited	límited

Solo a modo de información, menionaremos que para expresar los tiempos verbales perfectos en el idioma inglés se utilizan los auxiliares be (bi), que significa ser o estar y have (jaf) que significa tener.

Los adjetivos en el idioma inglés son invariables, no cambian, en cuanto al género masculino y femenino.

Por ejemplo, en español dices: niño bonito y niña bonita; en inglés se dice: pretty boy y pretty girl. Pretty (bonito o bonita en este caso, que es el adjetivo, no cambia.) Tampoco cambia, ya sea singular (uno solo) o plural (varios.)

En español, a los adjetivos se les agrega una -s cuando es plural (más de uno.)

Ejemplo:

niños bonitos o niñas bonitas
Al adjetivo bonito o bonita, se le agrega una -s.
En inglés, el adjetivo se mantiene igual.

Pretty boys o pretty girls.
Nunca se expresa prettys boys o prettys girls, la -s está de
más.

El plural de los nombres

Generalmente se forma agregando una -s o es.

Niño   boy   (bói) - Niños   boys   (bóis)
Perro   dog   (dog) - Perros   dogs   (dogs)

Se agrega una -es cuando el nombre termina en o, s, sh,
ch o x.

Ejemplos:

Singular
Pescado – fish
Impuesto – tax
Vaso – glass

Plural
Pescados – fishes
Impuesto – taxes
Vasos – glasses

Existen algunos plurales irregulares. Los más usuales son:

Hombre – man
Hombres - men
Mujer – woman
Mujeres – women
Niño – child
Niños – children
Diente – tooth
Dientes – teeth
Pie – foot
Pies – feet

Los adverbios que en español se expresan por la terminación -mente, en inglés lo hacen agregándole la terminación -ly.

Ejemplos
Claro –clear
Rápido – rapid
Fuerte – strong

Adverbios
Claramente – clearly
Rápidamente – rapidly
Fuertemente – strongly

Diccionario Español - Inglés

Español	inglés	Se pronuncia

A

Español	inglés	Se pronuncia
a,un,uno(a)	a	éi
abajo	down	dáun
abecedario	alphabet	álfabet
abierto	open	óupen
abogado	lawyer	lóoyer
abrigo	coat	cóut
abuela	grandmother	grand-móder
abuelo	grandfather	grand-fáder
acerca de	about	abáut
aceite	oil	óil
aclaración	acclamation	aíclameichon

Español	Inglés	Se pronuncia
accidente	accident	áksident
activo	active	áctiv
actuar	act	áct
acusado	accused	aquíuz
acuerdo	agreement	agríment
adelante	forth	forz
además	besides	bisáids
además, más	else	éls
adición	addition	adíchion
adiós	good-bye	gúud-bái
administrador	manager	mánayer
admirar	admire	admáiar
admitir	admit	admit
aeropuerto	airport	éar-port
afecto ,cariño	affection	afékchion
afeitar	shave	chéiv
afilado	sharp	charp
agregar	add	ad
agua	water	uóter
aguja	needle	nídel
ahora	now	náu
aire	air	éar
albañil	mason	méison
alcanzar	reach	rich
alfiler	pin	pin
alfombra	carpet	carpet
algo	something	sómzin

Español	Inglés	Se pronuncia
algún (ciertos)	some	som
algunas veces	sometimes	som-táims
alguno-alguna	someone	som-uán
algunos (persona)	few	fiú
algunos	several	séveral
aliado	allied	aláid
allí	there	déar
alivio	lightening	laítaning
almuerzo	lunch	lonch
a lo largo de	along	alóng
alrededor de	around	aráund
alto	high	jái
alto (estatura)	tall	tol
ama de casa	housewife	jáuse-uáif
ambos	both	bóuz
a menos que	unless	onlés
amiga, compañera	girlfriend	guér-frénd
amigo-amiga	friend	frénd
amigo, compañero	boyfriend	bói-frénd
amistad	friendship	frénd-chip
amor	love	lof
amplio, ancho	wide	uáid
ancho	broad	bróod
ángulo, rincón	angle	ánguel
anillo	ring	réing

Español	Inglés	Se pronuncia
animal	animal	ánimal
anterior	previous	prívious
antes	before	bi-fóar
año	year	yíar
apagar, lejos	off	of
apartamento	apartment	apártment
aprender	learn	lern
apretado	tight	táit
aprobación	approval	aprúval
apto	fit	fit
apurar	hurry	jéri
apurado	in a hurry	in éi jéri
a quien	whom	júm
aquí	here	jíar
árbol	tree	trí
arena	sand	sand
arreglar	arrange	aréinch
arriba	up	op
arroz	rice	ráis
arte	art	art
artículo	article	ártikel
artista	artist	ártist
asamblea, reunión	meeting	míitin
así	so	so
así, de manera	thus	dos
asiento	seat	sit

Español	Inglés	Se pronuncia
asunto	matter	máter
ataque	attack	aták
atención	attention	aténchion
atrancar	bar	vár
a través	across	acrós
a través de	through	zrúu
aula	classroom	clas-rúum
aumentar	increase	incrís
aún	yet	yet
aún, parejo	even	íven
aún, todavía	still	stil
aunque	though	dóu
automóvil	car	car
autoridad	authority	ozóriti
avenida	avenue	áveniu
avión	plane	pléin
avión, aereoplano	airplane	éar-pléin
aviso, consejo	advice	adváis
ayer	yesterday	yésterdi
ayuda	help	jelp
azotea	roof	rúuf
azúcar	sugar	chúgar

Español	Inglés	Se pronuncia

Español	Inglés	Se pronuncia
bacteria	bacterium	bactíreum
bajarse	get off	guét of
bajo	low	lóu
bajos, escaleras abajo	downstairs	dáun-estéars
banco	bank	bank
banquete	banquet	bankwet
baño	bath	baz
barato	cheap	chip
barbero	barber	bárber
barco	vessel	vésel
barco	ship	chip
barrer	sweep	suíp
base	base	béi
basura	garbage	gárbach
batido	whipped	uíped
bebé	baby	béibi
beber	drink	drink
bello, hermoso	beautiful	biútiful
beso	kiss	kis
biblioteca	library	láibrari
bien	well	uél
bienvenido	welcome	uél-com
blando	soft	soft
bloque	block	blók

Español	Inglés	Se pronuncia
boca	mouth	máuz
bolsa	bag	bag
bolsa (señora)	purse	pers
bolsillo	pocket	póket
bomba, motor	pump	pómp
bonita	pretty	príti
bordado	embroidered	imbroíder
borracho	drunk	dronk
bosque	wood	úud
bota	boot	búut
bote	boat	bóut
botella	bottle	bótel
brazo	arm	arm
brillar	shine	sháin
brillante	bright	bráit
burro	donkey	dónki

Español	Inglés	Se pronuncia
caballo	horse	jórs
cabeza	head	jed
cable	wire	uáir
cacería	hunting	jónting
cada	every	évri
cada día	everyday	évri-déi
cada uno	each one	ich-uán
cadena	chain	chéin

Español	Inglés	Se pronuncia
café	coffee	cófi
caja	box	box
cajetilla	packet	páquet
calendario	calendar	cálendar
calidad	quality	kuáliti
cliente	warm	uórm
calle	street	stríit
calor	heat	jit
cama	bed	bed
camarera	waitress	uéitres
camarero	waiter	uéiter
cambio	change	chéinch
caminar	walk	uók
camino, ruta	way	uéi
camión	truck	trok
camisa	shirt	chert
campo	field	fild
campo, campamento	camp	camp
canción	song	song
cantor	singer	sínguer
capaz, competente	able	éibel
cara	face	féis
carburador	carburator	carburéitor
cárcel	jail	yéil
cargar a	charge	chárch

Español	Inglés	Se pronuncia
caricia	caress	carés
carne	meat	mit
caro	expensive	expénsif
carrera	race	réis
carretera	road	róud
carta	letter	léter
casa	house	jáus
casarse	marry	méri
casi	almost	olmóust
caso, caja	case	kéis
castigo	punishment	pónichment
causa	cause	cóos
centro	center	cénter
cepillo	brush	broch
cera	wax	uáx
cero	zero	ziro
cerrar	shut	chot
cerradura	lock	lok
cerveza	beer	bíar
cheque	check	chek
cepillo dental	toothbrush	tuz-broch
chofer	driver	dráiver
choque	shock	chok
ciego	blind	bláind
cielo	sky	skái
cintura	waist	uéist
cinturón	belt	belt

Español	Inglés	Se pronuncia
circo	circus	cércus
ciudadano	citizen	cítizen
claro	clear	clíar
clase, tipo	kind	káind
clase, aula	class	clas
clavo	nail	néil
cocina	kitchen	kítchen
cocinar, cocinero	cook	cúuk
cola, rabo	tail	téil
colina	hill	jíl
color	color	cólor
comedor	dining-room	dáinin-rúum
comenzar	begin	biguín
arrancar	start	start
comer	eat	it
comercial	comercial	comérchial
cómico	funny	fóni
comida	meal	mil
comida (alimento)	food	fúud
comida, cena	dinner	díner
¿Cómo?	how	jáu
como (comparando)	as	as
compañero (a)	mate	méit
compañía	company	cómpani
competencia	contest	cóntest

Español	Inglés	Se pronuncia
comprender	understand	ónder-stánd
con	with	uíz
concierto	concert	cóncert
condición	condition	condíchion
conducta	conduct	cónduct
consejo	counsel	cáunsil
considerar	considerar	consíder
contar	count	cáunt
contento	happy	jápi
contento	glad	glad
continente	continent	cóntinent
continuar	continue	contíniu
contra	against	eguéinst
control	control	cóntrol
conveniente	convenient	convínient
copa	cup	cop
copia	copy	cópi
coraje	courage	córach
corazón	heart	jart
corona	crown	cráun
correo	mail	méil
correr	run	ron
cortar	cut	cot
cortés, fino	polite	poláit
cortina	curtain	kértein
corto	short	chort
cosa	thing	zing

Español	Inglés	Se pronuncia
costo	cost	cost
crecer	grow	gróu
crédito	credit	crédit
creer	believe	bilíf
crimen	crime	cráim
cruzar	cross	cros
cuadrado	square	skuéar
cuadra	block	blok
cualquier	any	éni
cualquier cosa	anything	éni-zin
cualquiera (comparando)	either	íder
cualquiera (persona)	anyone	éni-uán
cuando	when	uén
cuarto de baño	bathroom	baz-rúum
cubrir	cover	cóver
cuchara	spoon	spúum
cuchillo	knife	náif
cuerda	cord	cord
cuenta	bill	bil
cuenta	account	acáunt
cuento, historia	story	stóri
cuenta, conteo	score	scóar
cuerpo	body	bódi
cuidado	care	kéar
cuidados	careful	kéar-ful

Español	Inglés	Se pronuncia
cumpleaños	birthday	bérz-déi
curva	curve	kérv

D

Español	Inglés	Se pronuncia
daño	damage	dámach
dar	give	guív
de	of	of
de(de un lugar a otro)	from	from
deber, debo	must	most
decidir	decide	disáid
decir	tell	tel
decir	say	séi
decisión	decision	decíchion
debería	should	chúud
dedo(de la mano)	finger	fínguer
dedo (del pie)	toe	tóu
de él, a él	him	jim
de ella	her	jer
dejar	let	let
delante, al frente	ahead	ajéd
delgado	thin	zin
delicado	delicate	delicaíte
demandar	sue	su
de nosotros	ours	auérs
dentista	dentist	déntist
dentro	into	íntu

Español	Inglés	Se pronuncia
dentro	within	uízin
deportar	deport	dípourt
de quien, cuyo	whose	júus
derecho	straight	stréit
derecho, derecha, correcto	right	ráit
devolver	return	ritérn
descalzo	barefoot	baírfut
desde	since	sins
desear, querer	want	uánt
deseo, desear	wish	uích
deseo	desire	disáiar
deshonesto	dishonest	dis-ónest
despacio, lento	slow	slóu
desperdicio	waste	uéist
después	after	áfter
detrás	behind	bijáind
de todos modos	anyway	éni-uéi
deuda	debt	det
día	day	déi
dibujar	draw	dróu
diente, muela	tooth	túuz
dientes	teeth	tíiz
diferente	different	díferent
dinero	money	móni
Dios	God	God
dirección	address	ádres

Español	Inglés	Se pronuncia
director	directive	diréctiv
disfrutar	enjoy	enyói
doblar	turn	Tern
doctor	doctor	dóktor
dolor	ache	éik
dolor	pain	péin
dónde	where	juéar
donde quiera	wherever	juéar-éver
dormir	sleep	slíip
duda	doubt	dáubt
dulce	sweet	suít
duro	hard	jard

E

Español	Inglés	Se pronuncia
edificio	building	bíldin
educado	educated	edukéit
eficiente	efficient	efíchient
ejemplo	example	exámpel
ejército	army	ármi
él (pronombre)	he	ji
el, la, los, las (artículos)	the	di
él mismo	himself	jim-self
eléctrico	electric	eléktrik
ella	she	chíi
ella misma	herself	jer-self

Español	Inglés	Se pronuncia
ellos	they	déi
ellos, de ellos	them	dem
ellos mismos	themselves	dem-sélvs
empleado	employee, clerk	employí, clerk
empleador	employer	emplóiyer
en, dentro	in	in
encima	above	abóub
encontrar	find	fáind
en el pasado	ago	agóu
enfermo	ill	il
enfermo	sick	sik
enfermera	nurse	ners
en lugar de	instead	instéd
enojado	angry	ángri
enseguida	at once	at-uáns
en, a	at	at
en, sobre	on	on
entonces	then	den
entorno	environment	invíroment
entrada, boleto	ticket	ticket
entre	among	amóng
entrega	delivery	delíveri
enviar	send	send
equipo	team	tíim
equivocación	mistake	mistéik
error	error	éror
es, estar	is	is

Español	Inglés	Se pronuncia
escaleras arriba	upstairs	opstéars
escapar	escape	eskéip
escena, etapa	stage	estéich
escoger	choose	chúus
escribir	write	ráit
escritorio	desk	desk
escuela	school	skúl
escuela secundaria	high school	jái-skúl
ese, aquel	that	dat
esquina	corner	córner
eso, ello	it	it
esos, esas	those	dóus
espacio	space	spéis
espalda, lomo	back	back
especial	special	spéchial
esperar	wait	uéit
espeso, grueso	thick	zik
espejo	mirror	míror
esperanza	hope	jóup
esposo	husband	jósband
esposa	wife	uáif
estaban	were	uéar
estacionar	park	párk
estado, declarar	state	stéit
esta noche	tonight	tu-náit
estar de pie	stand	stand

Español	Inglés	Se pronuncia
Este	East	íst
este, esta	this	dis
esto, estos	these	díis
estudiante	student	stiúdent
estudio	study	stódi
evento, suceso	event	ivént
examen	examination	examinéichion
excepto	except	excépt
explicar	explein	expléin
expulsión	ejection	eíyection
extraño	strange	stréinch
fábrica	factory	fáctory

Español	Inglés	Se pronuncia
fácil	easy	ísi
falso	false	fols
familia	family	fámili
famoso	famous	féimus
favor	favor	féivor
fecha	date	déit
feroz	ferocious	ferousios
festival	festival	féstival
fiesta	party	párti
festividad	holiday	jóli-déi
figura	shape	cháip
fin	end	énd

Español	Inglés	Se pronuncia
final	end	end
finalizar	finish	finísh
fin de semana	weekend	uík-end
fino, bueno	nice	náis
fino, delicado	fine	fáin
físico	physical	fisical
fondo, base	bottom	bótom
freno	brake	bráik
fresco	fresh	frech
frío	cold	cóuld
fruta	fruit	frút
fuego	fire	fáir
fuera	out	áut
fuertemente	strongly	strongli
fuerza	force	fórs
función, mostrar	show	chóu
futuro	future	fiúcher
futuro, verbo	shall	chal

Español	Inglés	Se pronuncia
gallina	hen	jen
galón	gallon	gálon
ganancia	earnings	erníngs
ganancia, utilidad	profit	prófit

Español	Inglés	Se pronuncia
ganar	win	u í n
ganar (salario)	earn	ern
gargajo	spit	espit
gasolina	gasoline	gásolin
gastar	spend	spend
gastar, botar	waste	uéist
gato	cat	cat
gente, pueblo	people	pípol
gobierno	government	góvernment
gracias	thank	zank
grado	degree	digrí
gramática	grammar	grámar
granadero	grenadier	grenádir
grandé	big	big
grande (tamaño, extensión)	large	lárch
grave	serious	sírius
grito	shout	chóut
grueso, gordo	fat	fat
grupo	group	grup
guardar	keep	kip
guardia	guard	gard
guerra	war	uór
guiño	wink	uínk
gusto probar	taste	téist

Español	Inglés	Se pronuncia

Español	Inglés	Se pronuncia
hablar, decir	talk	tóok
hablar	speak	spíik
hábil	skilful	eskílful
habitación	room	rum
hacer	do	du
hace	does	dos
(ella, el)		
hacer, fabricar	make	méik
hambriento	hungry	jóngri
hasta	until	ontíl
hedor	stench	estench
hermana	sister	sister
hermano	brother	bróder
hielo	ice	áis
hierro	iron	áiron
hija	daughter	dórer
hijo	son	son
histérico	hysteric	jísteric
hizo	did	did
hogar	home	jóum
hoja	leaf	líf
hombre	man	man
hombres	men	men
hora	hour	áuer

Español	Inglés	Se pronuncia
horno	oven	óuven
hospital	hospital	jóspital
hoy	today	tudéi
hueco	hole	jóul
hueso	bone	bóun
huevo	egg	eg
húmedo	humid	jiúmid
humo	smoke	smóuk

Español	Inglés	Se pronuncia
idea	idea	aidía
igualdad	equality	íkualiti
impedimento	prevention	prevénchion
imprimir	print	print
impuesto	tax	tax
incluir	include	inclúd
ineficaz	inefficacious	inefikáshius
infancia	infancy	ínfansi
ingeniero	engineer	inyiníar
inglés	english	ínglich
intercesor	intercessory	intersesori
invención	invention	invénchion
invierno	winter	uínter
ira	anger	ényer
isla	island	áiland
izquierda	left	left

Español	Inglés	Se pronuncia

J

jabón	soap	sóup
jalea	jelly	yéli
jardín	garden	gárden
jefe	boss	bos
jefe, principal	chief	chif
jornada	working day	oúrkin deí
joya	jewel	yúil
juego	game	guéim
juego, partido	match	match
juerga	binge	bíng
jugar	play	pléi
juguete	toy	tói
junto	together	tuguéder
justicia	justice	yóstis
justo honrado	just	yost
justo, favorable	fair	féar
juvenil	youthful	yúuzful

L

labor	labor	léibor
lado	side	said
ladrillo	brick	brik

Español	Inglés	Se pronuncia
lago	lake	léik
la mayoría	most	móust
largo	long	long
lápiz	pencil	péncil
leal	loyal	lóxal
lector	reader	ríder
leche	milk	milk
leer	read	ríid
legal	legal	legal
lengua	tongue	tong
lenguaje	language	lánguich
lejos	far	far
lejos,fuera	away	euéi
ley	law	lo
libra	pound	páund
libre	free	frí
libro	book	búuk
limitado	limited	limited
limón	lemon	lémon
limpio	clean	clin
limpio, aseado	neat	níit
linterna	lantern	léntern
lista	list	list
llama	flame	fléim
llamada	call	col
llave	key	ki
llegada	arrival	aráival

Español	Inglés	Se pronuncia
lleno	full	ful
llevar, cargar	carry	quéri
llorar	cry	crái
lluvia	rain	réin
lote, montón	lot	lot
lugar	place	pléis
luna	moon	múun
luz	light	áit

M

Español	Inglés	Se pronuncia
madera	wood	úud
madre	mother	móder
maduro	ripe	ráip
maíz	korn	corn
mal	wrong	rong
maleta	suitcase	sut-kéis
malo	bad	bad
manejar	drive	dráiv
mano	hand	jand
mantener	hold	jóuld
manzana	apple	ápel
mañana	morning	mórning
mañana, día siguiente	tomorrow	tumórou
mapa	map	map
máquina	machine	machín

Español	Inglés	Se pronuncia
mar	sea	síi
maravilloso	wonderful	uónderful
más	more	mor
más, además	plus	plos
más lejos	farther	fárder
material	material	matírial
mecánico	mechanic	mekánic
media, calcetín	sock	sok
medianoche	midnight	míd-náit
medida	measure	méchur
medida, tamaño	size	sáis
medio, mitad	middle	mídel
mediodía	noon	núun
mejor	best	best
melodía	melody	mélodi
memoria	memory	mémori
menos	less	les
mensaje	message	mésach
mente	mind	máind
mentira	lie	lái
mercado	market	market
metal	metal	métal
mercancía	merchandise	merchandáis
mes	month	monz
mesa	table	téibel
método	method	mézod
metro, túnel	subway	sub-ueí

Español	Inglés	Se pronuncia
mí, a mí	me	mi
mi, mío	my	mái
miembro	member	meímber
milla	mile	máil
millón	millon	mílion
minuto	minute	mínit
mío	mine	máin
mismo	same	séim
mitad	half	jalf
moda, estilo	fashion	fáchion
modelo	model	módel
moderno	modern	módern
momento	moment	móment
moneda	coin	cóin
montaña	mountain	máuntain
montar, pasear	ride	ráid
morir	die	dái
mostrador	counter	cáunter
motor	engine	ényin
movedizo	moving	múuving
mover	move	múuv
muchacho	kid	kid
mucho	much	moch
muchos	many	méni
muerte	death	dez
muerto	dead	déed
mujer	woman	úman

Español	Inglés	Se pronuncia
mundo	world	uóld
muñeca	doll	dol
música	music	miúsic
mutuo	mutual	miútal

Español	Inglés	Se pronuncia
nacer	born	born
nación	nation	néichon
nada	nothing	nózin
nadar	swim	súim
nadie	nobody	no-bódi
naranja	orange	óranch
nariz	nose	nóus
natural	natural	náchural
necesario	necessary	necésari
necesitar	need	nid
negative	negative	négatif
negocio	business	bísnes
nervioso	nervous	nérvus
neumático	tire	táiar
nieve	snow	snóu
niña	girl	guér
niño	boy	bói
niño, muchacho	child	cháild
nivel	level	lével

Español	Inglés	Se pronuncia
no	no	nóu
no	not	not
noche	night	náit
noche, tarde	evening	ífnin
nombre	name	néim
no puedo	cannot	can-not
normal	normal	nórmal
Norte	North	norz
nosotros	we	uí
nosotros mismos	ourselves	áuer-selfs
nosotros	us	us
nota	note	nóut
noticias	news	niús
novela	novel	nóvel
nube	cloud	cláud
nuestro	our	áuer
Nueva York	New York	Niú York
nuevo	new	niú
número	number	nómber
nunca	never	néver

o (comparación)	or	or
obtener, lograr	obtain	obtéin
odio	hate	jéit
Oeste	West	uést

Español	Inglés	Se pronuncia
oferta	offer	ófer
oficina	office	ófis
oficina de correo	post office	póust-ófis
oído	ear	íar
oír	hear	jíar
ojo	eye	ái
ola	wave	uéiv
oler	smell	smel
olvidar	forget	forguét
opinión	opinion	opínion
operador	operator	operéitor
oportunidad	chance	chans
orden	order	órder
oro	gold	góuld
oscuro	dark	dark
otoño	fall	fol
otra vez	again	eguéin
otro	other	óder
otro más	another	anóder
oye	listen	lísen

padre	father	fáder
padres	parents	párents
pagar	pay	péi
página	page	péich

Español	Inglés	Se pronuncia
país	country	cóntri
palabra	word	uórd
palo, vara	stick	stik
pan	bread	bred
pantalones	trousers	tráusers
papa	potatoes	potéito
papel	paper	péiper
paquete	parcel	párcel
paquete postal	parcel post	párcel-póust
para	for	for
parar	stop	Stop
parecer	seem	Slím
pared	wall	uól
pariente	relative	rélativ
parque	park	park
parte	part	párt
parte de afuera	outside	áut-sáid
parte superior	top	top
partir	leave	líiv
pasar	pass	pas
pasado	past	past
pasajero	passenger	pásenyer
paso	step	step
pastel	pie	pái
pastel, torta	cake	kéik
patear	kick	kik
patio trasero	backyard	back-yard

Español	Inglés	Se pronuncia
paz	peace	píis
pecho	chest	chest
peine	comb	comb
película	movie	múvi
peligro	danger	déinyer
pelo	hair	jéar
pelota	ball	bol
perfecto	perfect	pérfect
periódico	newspaper	nius-péiper
permitir	permit	permít
perro	dog	dog
persona	person	pérson
pertenecer	belong	bilóng
pensar	think	zink
pequeño	little	litel
pequeño	small	smóol
pera	pear	píar
pérdida	loss	los
pescado	fish	fich
peso	weight	uéit
pie	foot	fut
piedra	stone	stóun
piel	skin	skin
piel, cuero	leather	léder
pierna	leg	leg
pieza	piece	píis
pintura	paint	péint

Español	Inglés	Se pronuncia
piña	pineapple	páin-ápel
pipa	pipe	páip
piscina	pool	púul
plan	plan	plan
planta, fábrica	plant	plant
plata	silver	sílver
plátano	banana	banana
plato	dish	dich
playa	beach	bich
pluma (escribir)	pen	pen
pobre	poor	p o u r
poder	can	can
poder, fuerza	power	páuer
poder, permitir	can	can
podría	could	kúud
podría	might	máit
policía	policeman	polís-man
política	politics	pólitics
pollo	chicken	chíken
polvo	dust	dost
polvo de hornear	powder	páuder
poner, colocar	set	set
popular	popular	pópiular
por ciento	porcent	per-cent
por favor	please	plís
¿Por qué?	why?	juái?
porque	because	bicós

Español	Inglés	Se pronuncia
posible	possible	pósibel
posible	perhaps	perjáps
postre	dessert	disért
práctica	practice	práctis
precio	price	práis
preferir	prefer	prifér
pregunta	question	kuéstion
preguntar	ask	ask
preparar	prepare	pripéar
prestar	lend	lend
presentar	present	prisént
primavera	spring	spring
primero	first	ferst
principal	main	méin
prisión	prison, jail	prison, yéil
privado	private	práivat
probar	try	trái
probable	probable	próbabel
problema	problem	próblem
problema, dificultad	trouble	tróbel
profesor	professor	profesor
profundo	deep	díip
programa	program	prógram
progreso	progress	prógres
promesa	promise	prómis
promoción	promotion	promóuchion

Español	Inglés	Se pronuncia
pronto	soon	súun
propio	proper	próper
propio por si mismo	self	self
propio, poseer algo	own	óun
propiedad	property	próperty
próximo	next	next
prueba	test	test
público	public	póblic
pueblo	town	taún
puente	bridge	brich
puerco, cerdo	pig	pig
puerta	door	dóar
punto	point	point

Español	Inglés	Se pronuncia
que (comparación)	than	dan
¿Qué?	what?	juát?
quedar	remain	riméin
quedarse	stay	stéi
querido(da)	dear	dír
queso	cheese	chíis
¿Quién?	who?	júu?
quieto	quiet	kuáiat

Español	Inglés	Se pronuncia

Español	Inglés	Se pronuncia
rama, sucursal	branch	branch
rápido	fast	fast
rápido	quick	kuík
ratón	mouse	máus
razón	reason	ríson
recamara	bedroom	bed-rúum
recibir	receive	ricíiv
recibo	receipt	ricíit
recoger, recolectar	pick, collect	pik, coléct
recordar	remember	rimémber
redondo	round	ráund
regalo	gift	gift
regla	rule	rúul
regular	regular	régiular
reloj, mirar observar	watch	uátch
reloj de pared	clock	clok
renunciar	give up	guív-up
repetir	repeat	ripíit
resbalar	slip	slip
respuesta	answer	ánsuer
resultado	result	risólt
revolución	revolution	revolúchion

Español	Inglés	Se pronuncia
rey	king	king
rico	rich	rich
río	river	ríver
risa	laugh	laf
ropa, vestidos	clothes	clóuzes
roto	broken	bróuken
rubia	blond	blond
rueda	wheel	uíl
ruido	noise	nóis

S

Español	Inglés	Se pronuncia
saber	know	nóu
sabio, inteligente	wise	uáis
sal	salt	solt
sala	living room	lívin-rúum
salario	salary	sálari
salir, marcharse	leave	lív
saltar	jump	yomp
saludable	healthy	jélzi
salvaje	wild	uáild
sangre	blood	blod
sastre	tailor	teílor
seco	dry	drái
secretaria	secretary	secretári
secreto	secret	sícret

Español	Inglés	Se pronuncia
seda	silk	silk
seguir	follow	fólou
segundo	second	sécond
seguro	save	séif
seguro, póliza	insurance	inchúrans
semana	week	uíik
semilla	seed	síid
sentarse	sit	sit
sentir	feel	fíil
señor (sr.)	mister (mr.)	míster
señor	sir	ser
señora	messrs(mrs.)	mísis
señora	lady	léidi
señorita	miss	mis
separar	separate	sépareit
ser, estar	be	bi
serio	serious	sírious
servir	serve	sérv
servicio	service	sérvis
sí (afirmar)	yes	yes
si (condición)	if	If
siempre	always	ol-uéis
siendo, estando	being	bi-in
significar	mean	míin
signo, señal	sign	sáin
silencio	silence	sáilens
silla	chair	chéar

Español	Inglés	Se pronuncia
sí mismo	itself	it-self
simple	simple	símpel
sin	without	uíz-aut
sin embargo	however	jáu-ever
sirviente	servant	sérvant
sistema	system	sístem
situación	sistuation	situéichion
sobre (correo)	envelope	énvilop
sobre arriba	over	óver
sobrina	niece	níis
sobrino	nephew	néfiu
sociedad	society	sosáieti
socio	partner	pártner
sofá	sofa	sóufa
sol	sun	son
soldado	soldier	sóldier
sólido	solid	sólid
solo	alone	alóun
solo por sí mismo	only	ónli
soltero	single	singuel
sombra	shade	chéid
son, somos	are	ar
sonido	sound	sáund
sonrisa	smile	smáil
sopa	soup	súup
soplar	blow	blóu

Español	Inglés	Se pronuncia
sortear, clase	sort	sort
su, de él	his	jis
su, sus, de	their	déar
su, suyo	its	its
subir, aumentar	raise	réis
subirse	get on	guét on
suceder	happen	jápen
sucio	dirty	dérti
suelo, piso	floor	flóor
suegra	mother in law	móder-in-ló
suegro	father in law	fáder-in-ló
suficiente	enough	inóf
sufrir	suffer	sófer
suma, cantidad	amount	amáunt
supervisor	supervisor	superváisor
suponer	suppose	supóus
semejante, tal	such	soch

Español	Inglés	Se pronuncia
también	also	ólsou
también	too	túu
tarde	afternoon	áfter-núun
tarde (adverbio)	late	léit
tarjeta	postcard	póust-card
techo	ceilling	cíling

Español	Inglés	Se pronuncia
teléfono	telephone	télefon
telegrama	telegram	télegram
televisión	television	televíchion
temperatura	weather	uéder
tiempo (temprano)	early	érli
tener, haber	have	jáv
tener miedo	afraid	efréid
tenía	had	jad
tiempo futuro auxiliar	will	uíl
tienda	shop	chop
tienda	store	stóor
tienda (comestibles)	grocery	gróceri
tiempo	time	táim
tierra, planeta	Earth	érz
tierra	land	land
tijera	scissors	sísors
tinta	ink	ink
tío	uncle	ónkel
tirar	pull	pul
tocar, palpar	touch	toch
todo	everything	éverizin
todos	all	ol
todos, nosotros	everyone	éveriuán
toalla	tower	táuel
tomar	take	téik

Español	Inglés	Se pronuncia
tópico	topic	tópik
trabajador	worker	uórker
trabajo, labor,	job	job
traer, llevar	bring	bring
traje	suit	súut
tráfico	traffic	tráfik
tranquilo	quiet	kuáiat
trato, negocio	deal	díil
tren	train	tréin
triste	sad	sad
tu, tus	your	yúar

Español	Inglés	Se pronuncia
ubicación	location	loqueíchon
último	last	last
una vez	once	uáns
unidad	unit	iúnit
unilateral	unilateral	juniláteral
universidad	college	cólech
uña	nail	néil
usado	worn	úorn
urgente	urgent	eryént
usual	usual	iúchual
usuario	user	iúser
uso	use	iús
uva	grape	gréip

Español	Inglés	Se pronuncia

Español	Inglés	Se pronuncia
vaca	cow	cáu
vacación	vacation	vakéichion
vacío	empty	émpti
valor	value	váliu
varón (masculino)	male	méil
vaso, cristal	glass	glas
vedar	prohibit	projibit
vegetal	vegetable	végetabel
velocidad	speed	spíid
vender	sell	sel
veneno	poison	póison
vengativo	vindictive	vindictiv
venir	come	com
ventaja	advantage	advantéich
ventana	window	uíndou
ver	see	síi
verano	summer	sómer
verdad	truth	truz
verdadero	true	tru
vergüenza	shame	chéim
vestido	dress	dres
viajar	travel	travel
viaje	trip	trip
vida	life	!áif
video	video	vídeo

Español	**Inglés**	**Se pronuncia**
viento	wind	uind
vino	wine	uáin
violento	violent	váiolent
vista	view	viú
víspera	vespers	víspers
vivir	live	lív
volar	fly	flai
vuelco	upset	ópset
vuelo	flight	fláit

Y

y	and	and
yema	yolk	iólk
yerba	grass	gras
yo mismo	myself	máiself

Z

zapato	shoe	chúu

Pronombres

Español	Inglés	Se pronuncia
Yo	I	Ái
Ud, ustedes, tú	You	Yú
Él	He	Jí
Ella	She	Chí
Eso, esa (cosa, animal)	It	It
Nosotros, nosotras	We	Úi
Ellos, ellas	they	Déi

Días de la semana

Español	Inglés	Se pronuncia
Lunes	Monday	Móndei
Martes	Tuesday	Tiúsdei
Miércoles	Wednesday	Uénsdei
Jueves	Thursday	Zérsdei
Viernes	Friday	Fráidei
Sábado	Saturday	Sáterdei
Domingo	Sunday	Sóndei

Meses del año

Enero	January	Yánuari
Febrero	February	Fébruari
Marzo	March	Márch
Abril	April	Éipril
Mayo	May	Méi
Junio	June	Yún
Julio	July	Yulái
Agosto	August	Ógost
Septiembre	September	Septémber
Octubre	October	Octóber
Noviembre	November	Novémber
Diciembre	December	Dicémber

Colores

Español	Inglés	Se pronuncia
Blanco	white	uáit
Negro	black	blak
Azul	blue	blú
Rojo	red	red
Amarillo	yellow	yélou
Verde	green	gríin
Café	brown	bráun
Naranja	orange	óranch
Morado	purple	pérpel
Rosa	pink	pink

Monedas

Español	Inglés	Se pronuncia
5 cts.	Five cents	fáiv cents
10 cts.	Ten cents	ten cents ó éi dáim
25 cts.	25 cents o a quarter	tuénti fáiv cents ó éi quóter
50 cts.	50 cents o half a dolar	fifty cents ó jáv éi dólar
Giro postal	money order	móni órder
Giro bancario	draft	dráft

Numeración

Español	Inglés	Se pronuncia
Uno	one	uán
Dos	two	tu
Tres	three	zrí
Cuatro	four	fóar
Cinco	five	fáif
Seis	six	six
Siete	seven	séven
Ocho	eight	éit
Nueve	nine	náin
Diez	ten	ten
Once	eleven	iléven
Doce	twelve	tuélf
Trece	thirteen	zertín

Español	Inglés	Se pronuncia
Catorce	fourteen	fortín
Quince	fifteen	fiftín
Dieciseis	sixteen	sixtín
Diecisiete	seventeen	seventín
Dieciocho	eighteen	eitín
Diecinueve	nineteen	náin-tín
Veinte	twenty	tuénti

Al número 21 se le agrega un uno, o sea twenty-one (tuénti-uán); al 22, un dos o sea twenty-two (tuénti-tu), y así sucesivamente, hasta el número 30.

Treinta	thirty	zérti

Igual que anteriormente, el 31 es thirty-one (zérti-uán), y así sucesivamente.

Cuarenta	forty	fórti
Cincuenta	fifty	fífti
Sesenta	sixty	síxti
Setenta	seventy	séventi
Ochenta	eighty	éiti
Noventa	ninety	náiti

Español	**Inglés**	**Se pronuncia**

HUNDRED (jóndred) representa la centena.

Cien	One hundred	Uán jóndred
Doscientos	two hundred	tu jóndred
Trescientos	three hundred	zrí jóndred

Por ejemplo, el número 225 sería: TWO HUNDRED TWENTY FIVE (tu jóndred tuénti fáif)
El número 348, sería THREE HUNDRED FORTY EIGHT (zrí jóndred fórti éit).

La palabra THOUSAND (záusand) representa el millar.

1,000 (mil)	one thousand	uán záusand
2,000 (dos mil)	two thousand	tu záusand
100,000	one hundred thousand	an jóndred záusand
200,000	two hundred thousand	tu jóndred záusand
1,000,000	one million	uán mílion

MILLION (mílion) es un millón en español.

1,520,128 sería: one million five hundred twenty thousand one hundred twenty eight (uán mílion fáif jóndred tuénti záusand uán jóndred tuénti éit.)

En el trabajo

Español	Inglés	Se pronuncia
¿Necesito salir temprano, puede ser posible?	I need to leave early, could it be posible?	Ai nid tu lív érli, cud it bi pósibel?
Siento haber llegado tarde.	I am sorry i am late	Ai am sóri ai am léit
Tengo experiencia en este trabajo.	I have experience in this work	Ai jav expíriens in dis uórk
Te puedo ayudar en tu trabajo	I can help you in your work	Ai can jelp yu in yúar uórk

Español	Inglés	Se pronuncia
Desearía tener una entrevista	I would like to have an appointment	Ai úud láik to jav an apóintment
Estoy dispuesto a trabajar en lo que sea	I am willing to work in any job	Ai am wiling to uórk in éni job
Quiero ahorrar tiempo y dinero	I want to save time and money	Ai uánt to séiv táim and móni
Póngalo por escrito	Put it in writing	Put it in ráitin
Yo no lo sabía	I did not know	Ai did not nóu
Trabajo en: una factoría una tienda de comestibles	I work at a: factory grocery	Ai uórk at éi: fáktori gróceri
una tintorería	dry cleaning shop	drái clínin shop
una panadería una oficina	bakery office	béikeri ófis

Saludos y frases de cortesía

Español	Inglés	Se pronuncia
Muchas gracias	Thank you	Zank yu
De nada	You are welcome	Yu ar Al-corn
¿Qué tal, como está?	Hello, how are you?	Jelóu, jáu ar yu?
Buenos días	Good morning	Gúud morning
Buenas tardes	Good afternoon	Gúud After-núun
Buenas noches	Good evening	Gaud ívnin

Español	Inglés	Se pronuncia
Mi nombre es...	My name is	Mái néim is....
Mi dirección es...	My address is..	Mái ádres is...
Que tenga un buen fin de se-mana	Have a nice weekend	Jáv éi náis Ok-end
¿Cómo está Ud.?	How are you?	Jáu ar yu?
Muy bien, gracias	Very well, thank you	Véri uél, zank yu
Mucho gusto en conocerle	Glad to meet you	Glad to mit yu
Me gustas	I like you	Ai láik yu
Estoy contento	I am happy	Ai am j dpi
Estoy soltero / a	I am single	Ai am singuel
Quisiera hablar con usted pero no hablo inglés	I would like to talk to you, but I do not speak English	Ai úud láik tu tok tu yu, bot ái du not spíik Inglich

Español	Inglés	Se pronuncia
Gracias por su regalo	Thank you for your present	Zank yu for yúar présent
Quisiera verte otra vez	I would like to see you again	Ai úud láik tu si yu eguéin
¿Dónde podemos encontrarnos?	Where could we meet?	Juéar cuúd ui mit?
Me gusta tener amigos	I like to have friends	Ai láik tu jav f,énds
Ud. es una buena persona	You are a nice person	Yu ar ai nais person
Eres buen mozo	You are handsome	Yu ar ján-som
Eres bonita	You are beautiful	Yu ar biútiful
Yo te quiero	I love you	Ai lóv yu
Perdóneme	Excuse me	Exkiús mi
Dios lo bendiga	God bless you	God bles yu

Frases de uso general

Español	Inglés	Se pronuncia
Me siento orgulloso de ser hispano	I am proud to be Hispanic	Ai am práud tu bi Jispánic
Quiero ir de compras	I want to go shopping	Ai uánt tu góu chópin
¿Dónde está la oficina de Inmigración?	Where is the Immigration office?	Juéar is di immigréichion ófis?
¿Conoce algún apartamento que se alquile?	Do you know any apartment for rent?	Do yu nóu éni apartment for rent?

Español	Inglés	Se pronuncia
¿Dónde puedo tomar el camión para ir al centro de la ciudad?	Where can I get a bus to go downtown?	Juéar can ai guet éi bos tu góu dáun-táun?
¿Qué precio tiene esto?	What price is this?	Uát práis is dis?
Estoy diciendo la verdad	I am telling the truth	Ai am téling di truz
Estaba equivocado, perdóneme	I was wrong, excuse me	Ai uós rong, exquiús mi
Me duele la cabeza	I have a headache	Ai jav éi jed-éik
Tengo dolor de muelas	I have a toothache	Ai jav éi tuz-éik
¿Dónde está el dentista?	Where is the dentist?	Juéar is di déntist?
Volveré mañana	I will be back tomorrow	Ai uíl bi bak tumórou
Iré, pero no hoy	I will go, but not tod	Ai uíl góu, bot not tu-déi

Español	Inglés	Se pronuncia
¿Me puede dar una pluma?	May I have a pen?	Méi ái jav éi pen?
¿Dónde puedo enviar esta carta?	Where can I mail this letter?	Juéar can ái méil dis léter?
Deseo comprar sellos de correo	I want to buy stamps	Ai uánt tu bái stamps
Por favor, certifique esta carta	Please certify this letter	Plis, certifái dis léter
Necesito lentes	I need glasses	Ai níid gláses
Voy todos los domingos a la iglesia	I go to church every Sunday	Ai góu tu cherch évri Sóndei
¿Es esta dirección correcta?	Is this address correct?	Is dis ádres coréct?
Quiero una Coca-Cola	I want a coke	Ai uánt di cóuk
Quiero una cerveza	I want a beer	Ai uánt éi bíar

Español	Inglés	Se pronuncia
¿Me puede dar el menú por favor?	May I have the menú, please?	Méi Si jav di menfu, plis?
Tengo… años	I am....years old	Ai am yíars óuld
Volveré dentro de un momento	I will be back in a moment	Ai uil bi bak in a moment
¿En efectivo o a la cuenta?	Cash or charge?	Cach or chárch?
¿Dónde puedo probarme esto?	Where may I try this on?	Juéar méi ái trái dis on?
¿Qué pasa aquí?	What is going on?	Juát is góin on?
Palabra de honor	Word of honor	uórd of ónor
Mantendré mi palabra	I will keep my word	Ai uíl kíip mái uórd
YO SOY: Cubano Mexicano Colombiano, etc.	I AM: Cuban Mexican Colombian, etc.	AI AM: Kiúban Méxican Colómbian, etc.

Español	Inglés	Se pronuncia
Déjeme ir	Let me go	Let mi góu
Deseo hacer una llamada de larga distancia	I would like to make a long call	Ai úud láik tu méik éi long distance col
Sin duda alguna	No doubt about it	No dáubt abáut it
Ven conmigo	Come with me	Com uíz mi
Eso es todo	That is all	Dat is of

Inglés	Se pronuncia	Español
	A	
a	eí	a, uno, una
able	éibel	capaz, compe-tente
about	abáut	acerca de, alre-dedor
above	abóv	sobre, arriba por encima
accident	ákcident	accidente
account	acáunt	cuenta
ache	éik	dolor
acid	ácid	ácido
across	acrós	a través de
act	act	actuar
active	áctiv	activo
add	ad	agregar
addition	adíchion	adición, suma
address	ádres	dirección, domicilio
admire	admáiar	admirar
admit	admit	admitir
advantage	advánteich	ventaja
advice	adváis	aviso, consejo
affection	afékchion	afecto, cariño
afraid	efréid	tener miedo
after	áfter	después

Inglés	Se pronuncia	Español
afternoon	áfter-núun	tarde
again	eguéin	otra vez
against	eguéinst	contra
age	éich	edad
ago	agóu	en el pasado
agreement	agríiment	acuerdo
ahead	ajéd	delante, al frente
air	éar	aire
airplane	éar-pléin	avión
alarm	alárm	alarma
all	ol	todos
allied	aláid	aliado
almost	olmóust	casi
alone	alóun	solo
along	along	a lo largo de,
already	alredi	ya
also	álsou	también
always	ólueis	siempre
among	among	entre
amount	amáunt	cantidad
and	and	y
angle	ángel	ángulo, rincón
angry	ángri	enojado
animal	animal	animal
another	anóder	otro
answer	ánsuer	respuesta

Inglés	Se pronuncia	Español
any	éni	cualquiera
anything	éni-zing	cualquier cosa
anyone	éni-uán	cualquiera
anyway	éni-uéi	de todos modos
apartment	apártment	apartamento
apple	ápel	manzana
approval	aprúval	aprobación
are	ar	son, están
arm	arm	brazo
army	ármi	ejército
around	aráund	alrededor
arrive	aráiv	llegar, arrivar
art	art	arte
article	árticle	artículo
artist	ártist	artista
as	as	como
ask	ask	preguntar
at	at	en, sobre
at once	at uáns	enseguida
attack	aták	ataque
attention	aténchion	atención
attraction	atrákchion	atracción
authority	ozóriti	autoridad
avenue	áveniu	avenida
awake	euéik	despertarse
away	euéi	lejos, fuera

Inglés	Se pronuncia	Español

Inglés	Se pronuncia	Español
back	bak	espalda, lomo
backyard	bak-yard	patio
bad	bad	malo
bag	bag	bolsa
ball	bol	pelota
banana	banana	plátano
bank	bank	banco
barber	bárber	barbero
base	béis	base
bath	baz	baño
bathroom	baz-rúm	cuarto de baño
battery	báteri	batería
be	bi	ser, estar
beach	bich	playa
beautiful	biútiful	bello, hermoso
because	bicós	porque
become	bicóm	llegar a ser
bed	bed	cama
bedroom	bed-rúm	recámara
bee	bíi	abeja
been	bin	había (verbo)
beer	bíar	cerveza
before	bifóar	antes
behind	bijáind	detrás
being	bi-in	siendo, estando

Inglés	Se pronuncia	Español
believe	bilíf	creer
bell	bel	timbre
belong	bilóng	pertenecer
belt	belt	cinturón
besides	besáids	al lado de
best	best	mejor, el mejor
better	béter	mejor que
between	bituín	entre
big	bíg	grande
bill	bil	cuenta
bird	bard	ave, pájaro
birthday	bérzdei	cumpleaños
bite	báit	morder
bitter	bíter	amargo
blackboard	blak-bóard	pizarra
blanket	blánket	cobija
blind	bláind	ciego
blond	blond	rubia
blood	blod	sangre
blouse	bláus	blusa
blow	blóu	soplar
boat	bóut	bote
body	bódi	cuerpo
bomb	bomb	bomba
bone	bóun	hueso
book	búuk	libro
boot	búut	bota

Inglés	Se pronuncia	Español
born	born	nacer
boss	bos	jefe
both	bóuz	ambos
bottle	bótel	botella
bottom	bótom	fondo, base
box	box	caja, estuche
boy	bói	niño
boyfriend	bói-frend	amigo, compañero
brain	bréin	cerebro
branch	branch	rama, sucursal
bread	bred	pan
breakfast	brek-fast	desayuno
brick	brik	ladrillo
bridge	brich	puente
bright	bráit	brillante
bring	bring	traer, llevar
broad	bróod	ancho, amplio
broken	bróuken	roto
brother	bróder	hermano
brush	broch	cepillo
building	bilding	edificio
bus	bos	autobús
business	bísnes	negocio
bus-stop	bos-stop	parada de autobús
busy	bísi	ocupado

Inglés	Se pronuncia	Español
but	bot	pero
butcher	bótcher	carnicero
butter	bóter	mantequilla
buy	bái	comprar
by	bái	por, de

Inglés	Se pronuncia	Español
cake	kéik	pastel
calendar	calendar	calendario
call	col	llamada
camp	camp	campo
can	can	poder
cannot	can-not	no puedo
car	car	automóvil
carburator	carburéitor	carburador
card	card	tarjeta
care	kéar	cuidado
caress	carés	caricia
carpenter	cárpenter	carpintero
carpet	cárpet	alfombra
carry	cárri	llevar
cashier	cachíer	cajero
ease	kéis	caso, caja
cat	cat	gato
cause	cóos	causa
cell	cel	célula, celda

Inglés	Se pronuncia	Español
ceiling	síilin	techo
center	cénter	centro
chain	chéin	cadena
chair	chéar	silla
chance	cháns	oportunidad
change	chéinch	cambio
charge	chárch	cargar a cuenta
charm	charm	encanto
cheap	chip	barato
check	chek	cheque, checar
cheerful	chíar-ful	alegre, animado
cheese	chíis	queso
chest	chest	pecho
chicken	chíken	pollo
chief	chíif	jefe
child	cháild	niño
children	chíldren	niños
choose	chúus	escoger
circus	cercus	circo
citizen	cíticen	ciudadano
city	cíti	ciudad
class	clas	clase
classroom	clás-rum	aula
clean	clin	limpio
clear	clíar	claro
clerk	clerk	empleado
collect	coléct	recoger

Inglés	Se pronuncia	Español
clock	clok	reloj
close	clóus	cerca
clothes	clóuzes	ropa
cloud	cláud	nube
coat	cóut	abrigo
coffee	cófi	café
coin	cóin	moneda
cold	cóuld	frío
collect	coléct	recoger
college	cólech	universidad
color	cólor	color
comb	comb	peine
come	com	venir
commercial	comércial	comercial
company	cómpany	compañía
concert	cóncert	concierto
condition	condíchion	condición
considerar	consíder	considerar
conducta	cónduct	conducta
continent	cóntinent	continente
continue	continue	continuar
contest	cóntest	competencia
convenient	convínient	conveniente
cook	cúuk	cocinar
copy	cópi	copia
cord	cord	cuerda
corner	córner	esquina

Inglés	Se pronuncia	Español
cost	cost	costo
could	kúud	podría
count	cáunt	contar
counter	cáunter	mostrador
control	cóntrol	control
counsel	cáunsel	consejo
country	cóntri	país
courage	córach	coraje
cousin	cóusin	prima
cover	cóver	cubrir
cow	cáu	vaca
credit	crédit	crédito
crime	cráim	crimen
cross	cros	cruzar
crown	cráun	corona
cry	crái	llorar
cup	cop	copa
curtain	kértain	cortina
curve	kerv	curva
cut	cot	cortar

D

Inglés	Se pronuncia	Español
damage	dámach	daño
dance	dans	bailar
danger	déinyer	peligro

Inglés	Se pronuncia	Español
dark	dark	oscuro
date	déit	fecha, cita
daughter	dórer	hija
day	déi	día
dead	déed	muerto
deal	díil	trato, negocio
dear	díar	querido
death	déez	muerte
debt	det	deuda
decide	disáid	decidir
decision	desíchion	decisión
deep	díip	profundo
degree	digrí	grado
delivery	delívery	entrega
demand	dimand	demandar
dentist	déntist	dentista
desire	disáiar	deseo
desk	desk	escritorio
dessert	disért	postre
detail	ditéil	detalle
development	divélopment	desarrollo
did	did	hizo
die	dái	morir
different	díferent	diferente
difficult	díficult	dificultad
dining-room	dáinin-rum	comedor
dinner	díner	cena, comida

Inglés	Se pronuncia	Español
direct	dairékt	directo
dirty	dérti	sucio
dish	dich	plato
dishonest	disónest	deshonesto
divorce	divórs	divorcio
do	du	hacer
does	dos	hace (tercera persona)
dog	dog	perro
doll	dol	muñeca
door	dóor	puerta
doubt	dáubt	duda
down	dáun	abajo
downstairs	dáun-stéars	escaleras abajo
draw	dróu	dibujar
dress	dres	vestido
drink	drink	beber
drive	dráiv	manejar
driver	dráiver	chofer
drunk	dronk	borracho
dry	drái	seco
during	diúring	durante
dust	dost	polvo

Inglés	Se pronuncia	Español

Inglés	Se pronuncia	Español
each	ich	cada uno
eagle	íguel	águila
ear	íar	oído
early	érli	temprano
earn	ern	ganar
earning	érning	ganancia
Earth	érz	Tierra
East	íst	Este
easy	ísi	fácil
eat	it	comer
edge	edch	borde
education	edukéichion	educación
efficient	efícient	eficiente
egg	eg	huevo
either	íder	cada uno
electric	eléktric	eléctrico
else	els	además, más
employee	employí	empleado
employer	emplóiyer	empleador
empty	émpti	vacío
end	end	final
engine	ényin	motor
engineer	inyiníar	ingeniero
english	ínglich	inglés
enjoy	enyói	disfrutar

Inglés	Se pronuncia	Español
enough	inóf	suficiente
envelope	énvilop	sobre
equal	íkual	igual
escape	eskéip	escapar
even	íven	aún
evening	ífnin	noche
event	ivént	evento, suceso
ever	éver	jamás
every	évri	cada
everyday	évri-déi	cada día
everyone	évri-uán	cada uno
everything	évri-zin	todo
examination	examinéichion	examen
example	exámpel	ejemplo
except	excépt	excepto
expensive	expénsif	caro
experience	expíriens	experiencia
expert	éxpert	experto
explain	expláin	explicar
express	exprés	expresar, expreso
eye	aí	ojo

face	féis	cara
fact	fact	hecho
factory	fáctori	fábrica

Inglés	Se pronuncia	Español
fair	féar	justo
fall	fol	otoño, caer
false	fols	falso
family	fámili	familia
famous	féimus	famoso
far	far	lejos
farm	farm	granja
farther	fárder	más lejos
fashion	fáshion	moda
fat	fat	gordo
father	fáder	padre
father in law	fáder-in-lo	suegro
favor	féivor	favor
fear	fiar	miedo
feel	fíil	sentir
fence	fens	cerca
festival	féstival	festival
few	fiú	algunos, pocos
field	fíld	campo
fight	fáit	pelea
figure	figuiur	figura, cantidad
fill	fil	llenar
find	fáind	encontrar
fine	fáin	fino
finger	fínguer	dedo
finish	fínish	finalizar
fire	fáiar	fuego

Inglés	Se pronuncia	Español
first	ferst	primero
fish	fich	pescado
fit	fit	apto
fix	fix	fijar
flame	fléim	llama
flight	fláit	vuelo
floor	flóor	suelo, piso
flower	fláuer	flor
fly	flái	volar
follow	fólou	seguir
forget	forguét	olvidar
food	fúud	comida
foot	fúut	pie
for	for	para
force	fors	fuerza
forest	fórest	bosque
form	form	forma
free	frí	libre, gratis
fresh	frech	fresco
friend	frend	amigo
friendship	frénd-chip	amistad
from	from	de
front	front	frente
fruit	frut	fruta
full	ful	lleno
funny	fóni	alegre
future	fiúcher	futuro

Inglés	Se pronuncia	Español

Inglés	Se pronuncia	Español
gallon	galon	galón
game	guéim	juego
garbage	gárbach	basura
garden	gárden	jardín
gasolina	gásolin	gasolina
get	guet	obtener
get on	guet on	subirse
get off	guet of	bajarse
guet along	guet alóng	llevarse bien
gift	guift	regalo
girl	guer	niña
girlfriend	guér-frend	amiga, compañera
give	guif	dar
give up	guiv up	renunciar
glass	glas	vaso, cristal
go	góu	ir
God	God	Dios
gold	góuld	oro
good	gúud	bueno
good-bye	gúud-bái	adiós
government	góvernment	gobierno
grain	gréin	grano
grammar	grámar	gramática
grandfather	grand-fáder	abuelo

Inglés	Se pronuncia	Español
grandmother	grand-móder	abuela
grape	gréip	uva
grass	gras	yerba
great	gréit	grande
grocery	gróceri	tienda de comestibles
group	grup	grupo
grow	gróu	crecer
guard	gard	guardia

had	jad	tenía
hair	jéar	pelo
half	jáf	mitad
hammer	jámer	martillo
handle	jándel	cabo
hang	jang	colgar
happen	jápen	suceder
happy	jápi	contento
hard	jard	duro
has	jas	tiene
hat	jat	sombrero
hate	jéit	odio
have	jáv	tener, haber
he	jí	él
head	jed	cabeza

Inglés	Se pronuncia	Español
healthy	jélzi	saludable, sano
hear	jíar	oír
heart	jart	corazón
heat	jit	calor
help	jelp	ayuda
hen	jen	gallina
her	jer	de ella
here	jíar	aquí
herself	jer-sélf	ella misma
high	jái	alto
high school	jái-skul	escuela secundaria
him	jim	de él
himself	jim-sélf	él mismo
his	his	su, de él
history	jístory	historia
hold	jóuld	agarrar
hole	jóul	hueco
holiday	jóli-déi	fiesta
hope	jóup	esperanza
horse	jors	caballo
hospital	jóspital	hospital
hour	áuer	hora
house	jáus	casa
housewife	jáus-uáif	ama de casa
how?	jáu	¿cómo?
however	jáu-ever	sin embargo

Inglés	Se pronuncia	Español
human	jiúman	humano
humor	jiúmor	humor
hungry	jóngri	hambriento
hurry	jéri	apurar
husband	jósband	esposo

I

Inglés	Se pronuncia	Español
ice	áis	hielo
idea	aidía	idea
if	if	si (condicional)
important	impórtant	importante
ill	il	enfermo
improve	imprúv	mejorar
in	in	dentro
in a hurry	in éi jéri	apurado
include	inclúd	incluir
increase	incrís	aumentar
industry	índustri	industria
infancy	ínfanci	infancia
ink	ink	tinta
instead	instéd	en lugar de
insurance	inchúrans	seguro
interest	ínterest	interesante
into	íntu	dentro
invention	invénchion	invención
iron	áiron	hierro
is	is	es

Inglés	Se pronuncia	Español
island	aíland	isla
it	it	eso, ello
its	its	su, suyo
itself	it-self	si mismo

J

Inglés	Se pronuncia	Español
jail	yéil	jaula, prisión
jewel	yúil	joya
job	yob	trabajo
join	yóin	unir
journey	yérni	viaje
judge	yodch	juez
jump	yomp	saltar
just	yost	justo
justice	yóstis	justicia

K

Inglés	Se pronuncia	Español
keep	kíip	guardar
key	kí	llave
kick	kik	patear
kid	kid	niño
kind	káind	clase
king	king	rey
kiss	kis	beso
kitchen	kítchen	cocina

Inglés	Se pronuncia	Español
knife	náif	cuchillo
know	nóu	saber

L

labor	léibor	trabajar
lady	léidi	señora
lake	léik	lago
land	land	tierra
language	lánguich	lenguaje
large	larch	grande
last	last	último
late	léit	tarde
laugh	láf	risa
law	lo	ley
lawyer	lóoyer	abogado
learn	lern	aprender
least	líist	mínimo
leather	léder	piel
leave	líiv	partir, marcharse
leg	leg	pierna
legal	legal	legal
lemon	lémon	limón
lend	lend	prestar
less	les	menos
lesson	léson	lección

Inglés	Se pronuncia	Español
let	let	dejar
letter	léter	carta
level	lével	nivel
library	láibrari	biblioteca
lie	lái	mentira
life	láif	vida
light	láit	luz
like	láik	gustar
limit	límit	límite
line	láin	línea
list	list	lista
listen	lísen	oye
little	lítel	pequeño
live	líiv	vivir
living room	lívin-rúm	cuarto de estar
lock	lok	cerradura
look	luk	mirar
loss	los	pérdida
lot	lot	lote
love	lof	amor
low	lóu	bajo
lunch	lonch	almuerzo

| machine | machín | máquina |
| mail | méil | correo |

Inglés	Se pronuncia	Español
main	méin	principal
make	méik	hacer
male	méil	varón, masculino
man	man	hombre
manager	mánayer	administrador
map	map	mapa
mark	mark	marca
market	márket	mercado
marry	méri	casarse
mason	méison	albañil
match	match	juego, partido
mate	méit	compañero
material	matírial	material
matter	máter	asunto
may	méi	poder, permitir
many	méni	muchos
mark	mark	marca
me	mi	mí, a mí
meal	mil	comida
mean	míin	significar, malvado
measure	méchur	medida
meat	mít	carne
mechanic	mekánic	mecánico
meeting	mítin	asamblea, reunión
memory	mémori	memoria

Inglés	Se pronuncia	Español
men	men	hombres
merchandise	merchandáis	mercancía
message	mésach	mensaje
metal	métal	metal
method	mézod	método
mice	máis	ratones
middle	mídel	medio
midnight	mid-náit	medianoche
might	máit	podría
mile	máil	milla
milk	milk	leche
million	mílion	millón
mind	máind	mente
mine	máin	mío
minute	mínit	minuto
mirror	míror	espejo
miss	mis	señorita
mistake	mistéik	equivocación
model	módel	modelo
modern	módern	moderno
moment	móment	momento
money	móni	dinero
month	monz	mes
moon	múun	luna
more	mor	más
morning	mórning	mañana
most	móust	la mayoría

Inglés	Se pronuncia	Español
mother	móder	madre
mother in law	móder in ló	suegra
motorcycle	motorsáikel	motocicleta
mountain	máuntain	montaña
mouth	máuz	boca
move	múuv	mover
movie	múvi	película
Mr.	míster	señor
Mrs.	mísis	señora
much	moch	mucho
mud	mod	fango
music	miúsic	música
must	most	deber
my	mái	mi (posesivo)
myself	mái-self	yo mismo

nail	néil	clavo, uña
name	néim	nombre
nation	néichon	nación
natural	náchural	natural
near	n í a r	cerca
necessary	nécessari	necesario
neat	níit	limpio
neck	nek	cuello
need	níid	necesitar

Inglés	Se pronuncia	Español
needle	nídel	aguja
negative	négativ	negativo
neighbor	néibor	vecino
nephew	néfiu	sobrino
nervous	nérvous	nervioso
net	net	red
never	néver	nunca
new	niú	nuevo
news	niús	noticias
newspaper	niuspéiper	periódico
New York	Niú York	Nueva York
next	next	siguiente
nice	nais	fino, bueno
night	nit	noche
no	nóu	no
nobody	no-bódi	nadie
noise	nóis	ruido
noon	núun	mediodía
North	norz	Norte
nose	nóus	nariz
not	not	no
note	nóut	nota
nothing	nózin	nada
novel	nóvel	novela
now	náu	ahora
number	nomber	número
nurse	ners	enfermera

Inglés	Se pronuncia	Español

Inglés	Se pronuncia	Español
obtain	obtéin	obtener
of	of	de
off	of	lejos, fuera
offer	ófer	oferta
office	ófis	oficina
oil	óil	aceite
old	óuld	viejo
on	on	en, sobre
once	uáns	una vez
only	ónly	solo
open	óupen	abierto
operator	operéitor	operador
opinion	opinion	opinión
opposite	óposit	opuesto
or	or	o (comparación)
orange	óranch	naranja
order	órder	orden
other	óder	otro
our	áuer	nuestro
ours	áuers	de nosotros
ourselves	áuer-selfs	nosotros mismos
out	áut	fuera
outside	áut-sáid	exterior
oven	óuven	horno

Inglés	Se pronuncia	Español
over	óver	sobre
own	óun	propio

P

Inglés	Se pronuncia	Español
package	pákech	paquete
page	péich	página
pain	péin	dolor
paint	péint	pintura
paper	péiper	papel
parcel	párcel	paquete
parent	párent	pariente
park	park	parque
part	part	parte
partner	pártner	socio
party	párti	fiesta
pass	pas	pasar
passenger	pásenyer	pasajero
past	past	pasado
pay	péi	pagar
peace	píis	paz
peach	pich	melocotón
pear	píar	pera
pen	pen	pluma
pencil	péncil	lápiz
people	pípol	gente, pueblo
percent	per cent	por ciento

Inglés	Se pronuncia	Español
perfect	pérfect	perfecto
perhaps	perjáps	posible
permit	permít	permitir
person	pérson	persona
physical	físical	físico
piano	piano	piano
pick	pik	recoger
picture	píkchuar	cuadro
pie	pái	pastel
piece	píis	pieza
pig	pig	puerco
pillow	pílou	almohada
pin	pin	alfiler
pineaple	páin-ápel	piña
pipe	páip	pipa
place	pléis	lugar
plan	plan	plan
plane	pléin	avión
plant	plant	planta
play	pléi	jugar
please	plís	por favor, agradar
pocket	pócket	bolsillo
point	póint	punto
poison	póison	veneno
policeman	polísman	policía
polite	poláit	cortés, fino

Inglés	Se pronuncia	Español
politics	politics	políticas
pool	púul	piscina
poor	púur	pobre
popular	pópiular	popular
posible	pósibel	posible
post office	póust-ófis	oficina de correos
postcard	póust-card	tarjeta
potato	potéito	papa
pound	páund	libra
powder	páuder	polvo
power	paúer	poder
practice	práctis	práctica
prefer	prifér	preferir
prepare	pripéar	preparar
present	présent	presente
pretty	príti	bonita
previous	prívous	anterior
price	práis	precio
print	print	imprimir
prison, jail	príson, yéil	prisión
private	práivat	privado
probable	próbabel	probable
problema	próblem	problema
professor	profésor	profesor
progress	prógres	progreso
program	program	programa
profit	prófit	ganancia

Inglés	Se pronuncia	Español
promise	prómis	promesa
promotion	promóuchion	ascenso
proper	próper	propio
public	póblik	público
pull	pul	tirar, jalar
pump	pomp	bomba
punishment	pónichment	castigo
purpose	pérpos	propósito
purse	pers	bolsa

Inglés	Se pronuncia	Español
quarter	kuóter	25 cts., cuarto
quality	kuáliti	calidad
question	kuéstion	pregunta
quick	kuík	rápido
quiet	kuáiat	tranquilo
quite	kuáit	bastante
radio	réidio	radio
rain	réin	lluvia
raise	réis	subir
ranch	ranch	rancho
rather	ráder	más bien
reach	rich	alcanzar
read	ríid	leer
ready	rédi	listo

Inglés	Se pronuncia	Español
real	rial	real
reason	ríson	razón
receipt	ricít	recibo
receive	risív	recibir
regular	réguiular	regular
relative	rélativ	pariente
remain	riméin	quedar
remember	rimémber	recordar
repeat	ripít	repetir
respect	rispekt	respecto
rest	rest	resto
result	risólt	resultado
return	ritérn	devolver, regresar
revolution	revolúchion	revolución
rice	ráis	arroz
rich	rich	rico
ride	raid	montar
right	ráit	derecha, correcto
ring	ring	timbre
ripe	ráip	maduro
river	ríver	río
road	róud	carretera
roof	rúuf	azotea
room	rúum	habitación
root	rúut	raíz

Inglés	Se pronuncia	Español
rope	róup	cuerda
rough	rof	áspero
round	ráund	redondo
rule	rúul	regla
run	ron	correr

S

sad	sad	triste
safe	séif	seguro
salary	sálari	salario
sale	séil	venta
salt	solt	sal
same	séim	mismo
sand	sand	arena
say	séi	decir
school	skul	escuela
science	sáians	ciencia
scissors	sísors	tijera
score	scóar	puntuación (en competencia)
sea	sí	mar
season	sison	estación
seat	sit	asiento
second	sécond	segundo

Inglés	Se pronuncia	Español
secret	sicret	secreto
secretary	secretári	secretaria
section	sékchion	sección
secure	sekiúar	seguro
see	si	ver
seed	síid	semilla
seem	síim	parecer
self	self	propio, por sí mismo
sell	sel	vender
send	send	enviar
sentence	séntens	oración, sentencia
separate	separéit	separar
serious	sírious	serio
servant	sérvant	sirviente
serve	sérv	servir
service	sérvis	servicio
set	set	poner, colocar
several	séveral	algunos
shade	chéid	sombra
shake	chéik	batir
shall	chal	tiempo futuro
shame	chéim	verguenza
shark	chark	tiburón
sharp	charp	afilado
shave	chéiv	afeitar
she	chi	ella

Inglés	Se pronuncia	Español
sheet	chíit	sábana, hoja
shine	cháin	brillar
ship	chip	barco
shirt	chert	camisa
shock	chock	choque
shoe	chu	zapato
shop	chop	tienda
short	chort	corto
should	chúud	debería
show	chóu	enseñar, función
shut	chot	cerrar
sick	sik	enfermo
side	sáid	lado
sign	sáin	signo, señal
silence	sáilens	silencio
silk	silk	seda
silver	sílver	plata
simple	símpel	simple
since	sins	desde
singer	sínguer	cantante
single	sínguel	soltero, solo
sir	ser	señor
sister	síster	hermana
sit	sit	sentarse
situation	situéichion	situación
size	sáis	medida
skin	skin	piel

Inglés	Se pronuncia	Español
skirt	skert	saya, falda
sky	s k á i	cielo
sleep	s l í i p	dormir
slip	slip	resbalar
slow	slóu	despacio
small	smóol	pequeño
smell	smel	oler
smile	smáil	sonrisa
smoke	smóuk	humo
snow	snóu	nieve
so	so	así
soap	sóup	jabón
society	sosáieti	sociedad
sock	sok	calcetín, media
sofa	sóufa	sofá
soft	soft	blando
soldier	sóldier	soldado
solid	sólid	sólido
some	som	algunos
someone	som-uán	alguna persona
something	som-zin	algo, alguna
sometimes	som-táims	algunas veces
son	son	hijo
song	song	canción
soon	s ú u n	pronto
sort	sort	suerte, clase
sound	sáund	sonido

Inglés	Se pronuncia	Español
soup	súup	sopa
space	spéis	espacio
speak	spíik	hablar
special	spécial	especial
speed	spíid	velocidad
spend	spend	gastar
spoon	spúum	cuchara
sport	sport	deporte
spring	spring	primavera
square	skuéar	cuadrado
stage	stéich	escena, etapa
stamp	stamp	sello
stand	stand	de pie
star	star	estrella
start	start	comenzar
state	stéit	estado
statement	stéitment	declaración
station	stéichion	estación
stay	stéi	quedarse
steel	stíil	acero
step	step	paso
stick	stik	palo, vara
still	stil	aún
stop	stop	parar
store	stóor	tienda
story	stóri	cuento
straight	stréit	derecho

Inglés	Se pronuncia	Español
strange	stréinch	extraño
street	stríit	calle
strong	strong	fuerte
student	stiúdent	estudiante
study	stódi	estudio
subway	sub-uéi	metro, túnel
such	soch	tal, semejante
sue	sú	demandar
sugar	chúgar	azúcar
suit	súut	traje
suitcase	súut-kéis	maleta
summer	sómer	verano
sun	son	sol
supervisor	superváisor	supervisor
supply	suplái	suministro
suppose	supóus	suponer
surprise	surpráis	sorpresa
sweep	suíp	barrer
sweet	suít	dulce
swim	suím	nadar

Inglés	Se pronuncia	Español
table	téibel	mesa
tail	téil	cola, rabo
tailor	téilor	sastre

Inglés	Se pronuncia	Español
take	téik	tomar
talk	tóok	hablar
tall	tol	alto
taste	téist	gusto, probar
tax	tax	impuesto
teacher	tícher	maestro
team	tíim	equipo
teeth	tíiz	diente
telegram	télegram	telegrama
telephone	télefon	teléfono
television	televísion	televisión
tell	tel	decir
temperature	témperachur	temperatura
test	test	prueba
than	dan	que (comparar)
thank	zank	gracias
that	dat	ese, aquel
the	di	él,la,los,las
theatre	zíater	teatro
their	déar	su,sus,de él
them	dem	ellos, de ellos
theme	zíim	tema, ensayo
themselves	demsélvs	ellos mismos
then	den	entonces
theory	zíori	teoría
there	déar	allí
these	díis	estos

Inglés	Se pronuncia	Español
they	déi	ellos
thick	zik	espeso, grueso
thin	zin	delgado
thing	zing	cosa
think	zink	pensar
this	dis	esta, esto
those	dóus	esos, esas
though	dóu	aunque
thread	zred	hilo
throat	zróut	garganta
through	zrú	a través de
thus	dos	de esta manera
ticket	ticket	entrada, boleto
tight	táit	apretado
time	táim	tiempo
tire	táiar	llanta
to	tu	a, hasta
toe	tóu	dedo del pie
today	tudéi	hoy
together	tuguéder	junto
tomorrow	tumórou	mañana
tongue	tong	lengua
tonight	tunáit	esta noche
top	top	parte superior
topic	tópik	tópico
too	túu	también
tooth	túuz	diente, muela

Inglés	Se pronuncia	Español
toothbrush	túz-broch	cepillo diente
touch	toch	tocar, palpar
towel	táuel	toalla
tower	táuer	torre
town	táun	ciudad
toy	tói	juguete
traffic	tráfik	tráfico
train	tréin	tren
travel	trável	viajar
tray	tréi	bandeja
tree	tri	árbol
trip	trip	viaje
trousers	tráusers	pantalones
truck	trock	camión
true	trú	verdadero
truth	truz	verdad
try	trái	probar
turn	tern	doblar

U

ugly	ógli	feo
uncle	ónkel	tío
under	ónder	bajo
understand	ónder-stand	comprender
unit	iúnit	unidad

Inglés	Se pronuncia	Español
university	iunivérsiti	universidad
unless	onlés	a menos que
until	ontíl	hasta
up	op	arriba
upstairs	opstéars	escaleras arriba
us	os	nosotros
use	iús	uso
usual	iúchual	usual

Inglés	Se pronuncia	Español
vacation	vakéichion	vacación
value	váliu	valor
vegetable	végetabel	vegetal
verb	verb	verbo
very	véri	muy
vessel	vésel	barco
view	viú	vista
village	vílich	pueblo
violent	váiolent	violento
visit	vísit	visita
voice	vóis	voz

Inglés	Se pronuncia	Español

Inglés	Se pronuncia	Español
waist	uéist	cintura
wait	uéit	esperar
waiter	uéter	camarero
waitress	uétres	camarera
wake up	uéik-up	despertar
walk	uók	caminar
wall	uól	pared
want	uánt	desear
war	uór	guerra
warm	uórm	caliente, cálido
wash	uásh	lavar
waste	uéist	gastar
watch	uátch	reloj, mirar
water	uóter	agua
wave	uéiv	ola
way	uéi	camino, ruta
wax	uáx	cera
we	uí	nosotros
wear	uéar	usar
weather	uéder	temperatura
week	uík	semana
weekend	uík-end	fin de semana
weight	uéit	peso
welcome	uél-com	bienvenido

Inglés	Se pronuncia	Español
well	uél	bien
were	uéar	estaban
West	uést	oeste
wet	u é t	mojado
what?	u á t	¿Qué?
wheel	uíl	rueda
when	juén	¿cuándo?
where	juéar	¿dónde?
wherever	juéar-ever	donde quiera
white	uáit	blanco
who?	júu	¿Quién?
whole	jóul	entero
whom	júum	a quien
whose	júus	cuyo, de quien
why?	juái	¿Por qué?
wide	uáid	amplio
wife	uáif	esposa
wild	uáild	salvaje
will	uíl	tiempo futuro
win	uín	ganar
wind	wind	viento
window	uíndow	ventana
winter	uínter	invierno
wire	uáir	cable
wish	uích	deseo
with	uíz	con
within	uízin	dentro

Inglés	Se pronuncia	Español
without	uíz-aut	sin
woman	úman	mujer
wonderful	uónderful	maravilloso
wood	úud	madera
word	uórd	palabra
work	uórk	trabajo
worker	uórker	trabajador
world	uóld	mundo
write	ráit	escribir
wrong	rong	mal

Y

year	yíar	año
yes	yes	sí
yesterday	yésterdei	ayer
yet	yet	todavía
you	yu	tú
young	yong	joven,
your	yúar	tuyo, de usted
youth	yuz	juventud

Z

zero	ziro	cero